두 번째 고백

시인의 말

  초등학교 시절 동시를 써서 선생님에게 칭찬받은 적은 있지만 글쓰기 대회에 나가서 좋은 상을 받지는 못했습니다. 그러나 글을 쓰면 마음이 편안해져 틈틈이 일기나 수필을 썼고 대학 졸업 후 직장 생활을 하면서도 조금씩 시를 쓰곤 했습니다. 지금 생각해 보면 유치한 시가 대부분이었지만 그 당시에는 사뭇 진지하게 저만의 감성으로 시를 썼습니다. 그러다 해외에 근무하게 되면서 저는 시와 멀어지게 되었고 시인이 된다는 것은 전혀 생각하지도 못했습니다.

  강원도 정선으로 직장을 옮기면서 가족과 떨어져 홀로 있는 저녁 시간에 무언가를 배워야겠다는 생각을 가지게 되었습니다. 그러던 중에 우연히 영월에서 '나도 작가 글쓰기' 과정이 있다는 것을 알게 되었고 몇 번의 고민 끝에 2023년 초봄에 등록하게 되었습니다.

  그곳에서 지도교수인 김남권 시인님과 월요시동인회의 동인들과 함께 시를 쓰며 조금씩 시를 이해하게 되었고, 이전에 가졌던 감성이 살아나는 것을 느꼈습니다. 매주 한두 편 시를 쓰는 것이 쉬운 일은 아니었지만 시를 쓰기 위해 고민하면서 여러 좋은 습관이 생기게 되었습니다. 사물을 자세히 들여다보고 스쳐 가는 생각들을 꾸준히 메모하면서 생각이 깊어지게 되었고, 무심코 쓰는 말이 맞는지 사전을 찾아보며 우리말의 아름다움을 발견하게 되었습니다. 저에게는 시인이 된다는 것은 더 성숙한 사람이 되는 것입니다. 이제서야 저의 내면을 들여다보고 세상을 새로운 관점으로 바라보기 시작했습니다.

단순한 감상을 멋있는 말로 늘어놓기보다 인생에 대한 메시지를 남기는 시를 쓰려고 했지만, 막상 시집을 내어놓으려고 하니 부끄럽기도 합니다. 그렇지만 제가 쓴 시를 읽고 누군가가 공감하고 위로받기를 바라는 염치없는 소망도 있습니다.

3년 동안 열등생인 저를 끈기 있게 지도해 주신 『당신이 따뜻해서 봄이 왔습니다』의 김남권 시인님께 깊은 감사와 존경을 보냅니다. 함께 동고동락하며 시를 배웠던 달빛문학회, 월요시동인회, 달무리동인회, 비원문학회 동인들께도 감사를 전합니다. 매주 월요일 저녁 저와 함께하며 제가 시인으로 태어나게 도와준 월요시동인회는 저의 고향과도 같습니다.

멀리서 사는 둘째 아들을 늘 걱정하시는 어머니께 사랑과 감사를 드립니다. 그리고 아빠를 응원해 주는 세 딸과 날카로운 독자이면서 제게 가장 많은 영감을 준 아내에게도 사랑과 감사를 보냅니다. 가족들의 모습이 이 시집에 투영되어 있습니다. 가족들이 없었다면 이 시집도 나올 수 없었을 것입니다.

제 인생의 모든 일을 의미 있게 만드시는 하나님께 무한한 감사와 영광을 올려 드립니다.

2025년 11월 김이암

차 례

시인의 말 2

제1부 **소심한 고백**

며느리밑씻개 8 / 살아남기 9 / 기다림 10 / 사춘기 11 / 산골 소년이 되어 12 / 모래시계 13 / 가을비 14 / 1+1이 더 좋아 15 / 결혼을 앞둔 딸에게 16 / 길 위의 화두 17 / 아버지의 지천명 18 / 연어와 석류 19 / 가배량 성 20 / 빈 소주병 21 / 코스모스 22 / 노인의 경차 23 / 소심한 고백 24 / 자화상 25 / 석유 먹은 밥 26

제2부 **혼자 걷는 길**

마지막 여행 28 / 바람은 행복하다 29 / 오월의 밤비 30 / 두부 31 / 노부부의 산책 32 / 회상 33 / 방황 34 / 가족 자랑 35 / 마지막 이틀을 위한 기도 36 / 내 마음의 동산 37 / 그리운 영월 38 / 떠나보낼 준비 39 / 가로수 40 / 화전민 집터 41 / 그리운 사람 42 / 옥탑방에서 본 풍경 43 / 뒷모습 44 / 그리운 소리 45 / 잃어버린 고향 46 / 눈길을 걸어 47 / 혼자 걷는 길 48

제3부 **존재의 이유**

삶의 자락 50 / 평범한 하루 51 / 녹슨 칼 52 / 존재의 이유 54 / 걸음마 55 / 깡, 통 56 / 압록강 북쪽 강변에서 58 / 면세점에서 59 / 기다리는 즐거움 60 / 여기 사람이 살아요 61 / 달개비꽃 62 / 아내의 뒷모습 63 / 제비꽃 64 / 자연으로 갈 준비 65 / 민들레꽃 66 / 학교 앞 풍경 67 / 먼 길 떠나며 68 / 아버지의 주민등록증 70 / 신기한 안경 71 / 봉숭아 72

제4부 **어느 무명 시인의 이야기**

숲속 개구쟁이들 74 / 아빠와 내기하기 75 / 무슨 색이 좋아? 76 / 어느 무명 시인의 이야기 77 / 두 번째 고백 78 / Vinh에 가면 79 / 저녁 모닥불 앞에서 80 / 바다로 가자 81 / 우리집 82 / 탁발 83 / 날개 돋아나다 84 / 슬픈 앵무새의 노래 85 / 부겐빌레아 86 / 의미 없는 말을 주고받는 저녁 87 / 미안, 미안합니다 88 / 피의자 신문조서 89 / 하루살이 90 / 강아지풀 92 / 손뼉 94

해설 – 중독된 것들에 대한 반성과 회한, 그리고 앞으로 중독될 것들에 대한 기대
· 김남권(시인, 계간『시와징후』발행인) 95

제1부

소심한 고백

며느리밑씻개

이름 참 고약하게도 지었다
저놈의 가시들 날카롭기도 해라
그렇게 며느리가 미우면 아들 장가를 보내지나 말던가
어이쿠, 독사눈을 한 시어머니가 나를 노려본다

살아남기

이유 없이 태어난 인생은 없다고 하는데
난 무엇 때문에 세상살이 힘들다 할까
아무리 척박한 환경에 있다 해도
숨 쉴 공간만 있으면 살아갈 수 있다

기다림

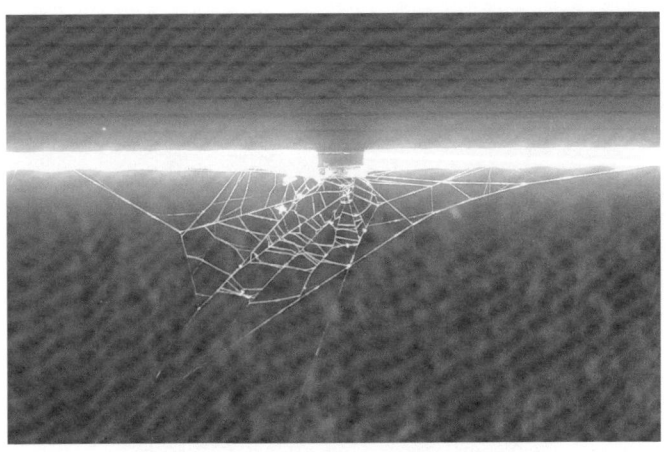

주어진 삶을 꾸준히 산다
조급해하지 않는다
그렇게 기다리면 성공이 온다
그런 삶에 빛이 비친다

사춘기

아장아장 걸으며
나를 보고 방긋 웃던 우리 아가

이제는 아무리 웃는 얼굴로 말을 걸어도
귀찮은 듯 무표정한 짧은 대답만 돌아온다

너의 몸에 나타나는 변화가 혼란스럽겠지

너의 차가운 반응을 대할 때마다 가슴이 철렁, 내려앉지만
마음이 크는 과정이라고 생각하기로 했다

앞으로 네가 살아갈 인생을 생각하면 걱정이 앞서기도 하지만
때가 되면 너는 나보다 더 잘 살아갈 것을 알기에
너를 사랑하지 않을 수 없다

산골 소년이 되어

자동차 소리 들리지 않는
작은 시골길을 걸어보고 싶습니다

버드나무 그늘 아래 흘러가는 시냇물 소리를 들으며
한적한 시골길을 느리게 걸어보고 싶습니다

돌담에 모여 웅성거리는 담쟁이의 수다를 듣다가
뙤약볕 아래 홀로 피어 있는 민들레의 푸념도 들어보고

분주하게 움직이는 개미들의
바쁜 이야기도 들어보고 싶습니다

오늘만은 뻐꾸기 우는 깊은 산골로 들어가
홀로 시골길을 걷는 소년이 되고 싶습니다

모래시계

모두 다르게 생긴 그 많던 모래알들
한 알 한 알이 내려와 반도 넘게 쌓였다

가장 아래 이 알은 내가 태어난 알
중간 아래 이 알은 내가 결혼한 알
그 위의 알은 첫째 아이가 태어난 알
그다음 알은 내가 직장을 옮긴 알이다

아직 떨어지지 않은
내가 은퇴하는 알과 병든 알도 보인다

지금 떨어지고 있는 저 알록달록한 알은
내게 남은 마지막 알이다

가을비

양철지붕 위로 내리는 비는
자식을 멀리 떠나보낸 어머니의 이야기다

처마 밑으로 방울방울 떨어지는 빗줄기는
자식을 그리워하는 어머니의 눈물이다

한순간도 멈출 수 없는 숨결처럼
오직, 너를 향한 순결한 몸부림이다

1+1이 더 좋아

취업은 전쟁이다
많은 사람이 취직을 위해 목숨을 거는데
나는 왜 출근하는 일이 힘들게 느껴졌을까?

친구 결혼식에도 여러 번 가봤지만
정작 내 결혼식은 왜 그렇게 어색하고 힘들었을까?

나이가 들면서 장례식장에도 여러 번 가봤는데
아버지의 장례식에선 왜 그렇게 우왕좌왕했을까?

딸아이에게 처음으로 남자 친구가 생겼다
뭐라고 얘기해야 할까?
결혼한다고 하면 무엇을 어떻게 해줘야 할까?

연습이 없는 인생이란 이런 기분일까?
편의점에 가면 1+1도 많던데
신께서 보너스로 한 번 더 내게 기회를 준다면
초보 딱지 떼고,
폼 나게 살고 싶다

결혼을 앞둔 딸에게

아가야,
네가 떠날 날이 가까이 왔구나

아빠는,
네가 아주 어릴 때부터
이날을 생각해 왔다

그땐 못 견디게 허전하고 쓸쓸했는데
이제는 덤덤히 받아들이게 되는구나

나보다 너를 오랫동안 지켜 줄 사람이
필요하다는 걸 깨닫게 되었구나

그렇지만 바람이 지나가는 어느 길목에서
너를 그리워하고 있을
한 사람이 있다는 걸 기억해 주려무나

그리고 아빠를 비슷하게 닮은
딸 하나를 낳아 준다면
나도 어머니 곁으로 마음 놓고 돌아갈 수 있을 것 같구나

사랑한다
아가야

길 위의 화두

발걸음 하나에 고민 하나 던지고
하늘을 본다

텅 빈,
시간이 따라온다

나는 그저
걷는 동물이다

그림자가
발자국 위에 누워 있다

그림자의 꼬리를 잡고
고민이 따라왔다

아버지의 지천명

성년이 되는 아이들을 보다가
아버지가 떠올랐습니다

아내와 세 아이를 데리고 살기 얼마나 힘드셨을까요?
직장에서 수모를 참아가며 일하시느라
얼마나 마음이 힘드셨을까요?

가난했던 아버지는 이 땅에 작은 집 하나를 남겼지만
내 마음속엔 치열했던 삶의 이야기를 남겼습니다

저도 어느덧 지천명을 넘기고
마음속에 남은 그리움 하나를 전합니다

연어와 석류

바람이 불어 아내의 머리카락이 날린다
속에 숨어 있던 흰머리가 드러난다

못 본 체한다

내겐 아직도 앳된 얼굴이지만
남들이 보기엔 중년의 아줌마가 다 되었다

석류알이 좋다는데 사다 줄까

내 앞머리가 반쯤 희어진 지 꽤 지났지만
아내는 한마디도 하지 않는다
연어알이 남자에게 좋다는데 아내는 사주지 않는다

모르는 체하고 연어알과 석류를 사 갈까

가배량성

거제 바다가 내려다보이는
까마득한 성벽 위에 서 있다

오백여 년 전 섬나라 왜구들로부터 만호(萬戶)를 지킨 성벽이다

바위를 깨던 투박한 손, 거친 숨소리, 땀방울이
긴장한 눈빛으로 바다 위에 떠 있다

이제는 흔적만 남은 읍성 아래에서,

싸울 힘조차 없는 노인들만 남아
망대 위 뿌리 내린 소나무만 쳐다보고 있다

빈 소주병

한겨울 늦은 밤
뚝방길에 덩그러니 놓여 있는 빈 소주병 하나

차가운 강바람을 맞으며
안주도 없는 깡소주로 삶의 허기를 채운 이는 누구였을까

아침에 다시 가 본 그 길
소주병은 사라지고

앞산 너머
무심한 해만 머리를 내밀고 있었다

코스모스

꽃잎 하나도 떨어뜨리지 말라
네가 꽃 피는 모든 순간을 기다렸다

햇빛과 비와 대지와 벌레들도
네가 우주가 되는 순간을 기다렸다

지상의 시간이 끝날 때까지
바람 속에서 춤추다 별빛 속으로 걸어가라

한순간도 잊어버리지 말고
온 힘을 다해 강물 속을 헤엄치듯 춤추다 가라

노인의 경차

느릿느릿 도로 위를 달리는 낡은 경차가 있었지
그 뒤로 빨간 스포츠카가 경적을 울리며 신경질을 부렸지
덤프트럭이 짜증스레 추월해 갈 때도

낡은 경차는 아랑곳하지 않았지

누구였을까?

낡은 경차 운전석엔
아픈 아내를 병원으로 데리고 가는 노인이 있었지

노인은 벌벌 떨며 떨리는 목소리로 내게 말하더군
커다란 경적에 간이 떨어져 나갈 뻔했다고

그 노인은 이제 이 세상에 없고
그 차도 사라졌지

난 해마다 두 번씩 그 노인의 아내를 만나려고 운전하지
그러다가 눈앞에서 느리게 가는 낡은 경차만 보면
참을 수 없게 눈물이 나

난 그런 차를 보고도 경적을 울리지 않지

소심한 고백

결혼 후 이십여 년이 지났다
아내에게 사랑한다고 말해본 적 언제였던가

아내가 외출할 때마다 모셔다드리겠다고 했더니
귀찮다고 한다

아내는 모를 것이다
이게 내가 보내는
소심한 사랑의 시그널이라는 것을

자화상

어린 시절 부모의 不和는, 내 청춘을 不花로 만들었다
가슴 속엔 짙은 어둠을 남기고 적도의 열기 같은 火傷을 남겼다

갈등과 방황은 아내를 만나고부터
반환점을 돌았다

아이들의 은근한 눈빛은 나를 뜨겁게 했고,
아내의 다정한 미소는 내 가슴에도 火氣가 돌게 했다

지천명이 지나고 나서야
나를 닮은 조각상 하나를 세워 놓고

내 청춘의 調和를 꽃 피우고 있다

석유 먹은 밥

형은 쌀밥을 먹고 사흘 동안 배탈이 났다

도시락에 보리밥이 섞여 있지 않으면 선생님으로부터 손바닥을 맞던 시절

까끌까끌한 보리밥과 찰기 없는 정부미 쌀만 먹다가
어쩌다 일반미가 집에 들어왔다

나는 그 밥을 먹으려다 숟가락을 내려놓았다
밥에서 석유 냄새가 났기 때문이다

여객선에서 바다로 떨어진 쌀자루를 누군가 주워 와 풀어 놓았던 것이다

형은 오랜만에 본 쌀밥을 배불리 먹었던 것이다

제2부

혼자 걷는 길

마지막 여행

한 곳만 좇아가다
잠시 쉬며 당신의 눈빛을 마주합니다
절대 포기하려는 변명이 아닙니다

꿈을 이루지 못했다는 후회보다
당신을 더 사랑하지 못했다는 후회를 적게 남기기 위해서입니다

이 땅에서 마지막 숨을 쉴 때 나는 당신이 흐느끼던 모습을 떠올리며
미안하다고 말하겠습니다

슬퍼하지 말고 행복했던 순간을 떠올리며
그저 작은 미소로 나를 보내주면 좋겠습니다

그러면 나는 즐거운 마음으로 먼 길을 떠나겠습니다

바람은 행복하다

꽃도 나무도 스쳐 간다

꽃향기는 짧아서 더 안타깝다
나뭇잎은 지는 순간이 더 아름답다

인생도 짧기에 살 만하다
짧은 만남은 여운을 남기고
다시 만날 수 있기에 헤어짐은 슬프지 않다

인생은 그렇게 바람처럼 왔다가
바람처럼 사라질 때 향기롭다

오월의 밤비

밤새 창문을 두드리는 빗소리
함성인가 통곡인가
자식 잃은 어미의 절규인가

밤새 뒤척이다
창문을 열었다

찬 바람이 텅 빈 공간을 감쌌다

가로수는 푸른 잎을 떨구고
라일락은 향기를 잃었다

참혹한 겨울이 왔다

두부

철문을 나선 오후
아무도 반기는 이 없다

낯선 여인숙에 들어가 저녁을 보냈다

완행버스를 타고 한참을 달려
허름한 고향집에 도착했다

인적 없는 집

방문을 여니
두부 한 모, 간장 한 종지가 소반에 놓여 있다

게걸스레 두부를 먹고
한숨 한 번 쉬고 바닥에 드러누웠다

밤늦도록 홀어머니는 돌아오지 않았다

노부부의 산책

한 손은 아내의 손을 잡고
한 손은 지팡이를 짚고
길을 걷는다

뜻대로 움직여지지 않는 몸
살아갈 날에 대한 생각과
아내에 대한 연민을 담은 발걸음을 느리게
한발 한발 옮긴다

아내와 작별할 시간이 멀다
걸음은 점점 느려진다

숨이 차오른다
고맙다는 말 한마디 하기도 쉽지 않다

젖은 눈을 본다
아내의 눈빛은 이미 젖어 있다

회상

퇴근길 아빠에게 활짝 웃으며 아장아장 달려오던 아이
솜사탕을 들고 손으로 브이를 하던 아이

아빠가 사준 인형을 꼭 안고 자던 아이
처음 유치원 갔을 때 엄마 손을 놓지 않으려던 아이

아빠 목마를 타고 깔깔 웃던 아이

그 아이는 사진과 동영상 속에만 있다

부쩍 커버린 아이는 아무 말 없이 학교에 가서
무표정한 얼굴로 밤늦게 돌아온다

그러다 곧 떠나겠지

인생이 다 그런 건데
아쉬워하는 나는 참 미련하구나

방황

별이 하나둘 지기 시작하면
사람들은 모두 집으로 돌아가고
나 홀로 새벽길을 걷다가
이슬에 젖는다

아득한 들판엔
짐승들도 잠들고
풀잎만 바스락거리며
깨어 있다

개울물은 제 갈 길을 찾아
잘도 흘러가는데 나는
이일 저일 떠올리며
걷고 걸어도 갈 곳이 없다

가족 자랑

우리 어머니를 자랑합니다
어머니는 초등학교 앞 건널목에서 아이들의 생명을 보호하는 분입니다
매달 삼십만 원이 안 되는 돈을 받지만
어머니가 아니면 아이들의 생명은 위험합니다

우리 아버지를 자랑합니다
아버지는 저녁에 종이박스를 주워 고물상에 갖다줍니다
길거리에서 위험을 무릅쓰고 더위와 추위를 견디고
무거운 리어카를 끌고 폐지를 납품하면
하루 팔천 원이 안 되는 돈을 받습니다
그렇지만 우리 아버지가 안 계시면 거리에 폐지가 나뒹굴 것입니다

우리 형을 자랑합니다
형은 새벽마다 쓰레기 수거차 뒤에 매달려 동네 한 바퀴를 돕니다
매일 쓰레기 냄새를 맡아야 하지만
형이 없으면 온 동네가 쓰레기로 가득 찰 것입니다

나는 자랑스러운 우리 가족을 매일 길에서 만납니다
한때는 그 모습이 부끄러워 모르는 체했습니다
오늘은 왠지 우리 가족에게 미안합니다

마지막 이틀을 위한 기도

내게 마지막 이틀의 시간이 주어진다면
하루는 가족과 둘러앉아
위로의 말을 듣기보다
오순도순 옛이야기를 나누며
아이들을 축복하고
함께 손을 잡고
행복한 웃음으로 보내게 하소서

남은 하루는
손 편지를 쓰며
내가 알던 사람들에게 용서를 구하고
나를 고통받게 한 사람들을 용서하며
작별 인사를 나누게 하소서

햇살이 쏟아지는 의자에 앉아
까무룩 잠이 들게 하소서

내 마음의 동산

내 마음에 작은 동산이 하나 있습니다
나는 매일 그곳에 올라
부드러운 흙을 밟으며
산책합니다

거기 풀밭 사이로 개울이 흐르고
나무 사이로 작은 새들이 지저귀고
자그마한 풀들이 자랍니다

바깥엔 태풍이 불고 폭우가 내려도
내 작은 동산엔 항상 잔잔한 바람이 불어
나는 석양을 바라보며 풀밭에 앉아
그리운 얼굴들을 떠올리며
잔잔히 시를 씁니다

내 몸이 쓰러져도 내가 살 수 있는 것은
내 마음에 작은 동산이 있기 때문입니다

그리운 영월

뚝방길의 오일장은 아직도 한산할까
상인들은 불경기라 걱정이 많겠지

청소년 수련관 이층에서 월요일 저녁마다 시를 읽던 사람들은
모두 훌륭한 시인이 되었겠지

영월교 너머 인력시장에서 새벽부터 초조하게
일을 기다리던 사람들은 좋은 일감을 받았을까

방랑시장 2층 탁구장에서 함께 탁구 치던 사람들은
어느새 고수들이 되었겠지

탁구장 아래 탕후루 가게엔 손님이 좀 있을까
시장 안쪽 가방가게엔 여전히 만 원이면 살 수 있는
괜찮은 물건이 있겠지

언제 다시 갈 수 있을까

잠깐 살았지만 주인처럼 살던 동네를
이젠 객이 되어 갈 수밖에 없게 되었네

떠나보낼 준비

외국으로 나가는 딸아이를 공항에 보내 주던 날
아내는 출국장에 들어가는 아이를 보며
손으로 눈가를 비벼댔다

나는 주위를 서성거리며 아이가 사라지는 모습을 보지 않았다

공항에서 돌아와 나는 며칠 동안 심한 몸살을 앓았다

아직 우리는 아이를 떠나보낼 준비가 되지 않았다는 걸 몸이 알려 주었다

아주 멀리 보낼 때는 어찌해야 할까

이제 더 이상 생각하지 않기로 했다

가로수

비명을 지르지 않는다고 고통이 없는 것이 아닐 터인데
삭막한 도시의 굉음에도 우두커니 서 있는 너

행인들은 추위에 옷을 갈아입어도
너는 맨몸으로 항상 그 자리에 있구나

낯선 곳에 심겨
삭막한 도시의 외로움에도
봄이면 어김없이 꽃을 피우는 너는
세상 그 어느 성자보다 고결하구나

화전민 집터

깊은 산 작은 계곡 옆 무너진 돌담
정성스레 이 담을 쌓았던 이는 누구의 아버지, 어머니였을까

자식과도 같은 씨앗을 소중히 모시다
이 산 저 산 다니며 흩뿌려 온 식구 먹을 만큼 수확했을까

솎아도 솎아도 다시 나오는 잡초를 뽑고
하루 종일 허리 숙여 고달픈 삶만 살다

빈 집터만 남겨놓은
울 아버지, 울 어머니는
어느 산 어느 골짜기로 갔을까

그리운 사람

아버지가 평생 유리장에 보관해 온
빛바랜 사진 속엔 젊은 남자가 서 있다

아버지가 죽기 전 꼭 만나고 싶어 했던 사진 속 남자는
무엇을 하던 사람이었을까?
아버지와 무슨 인연이었을까?

아버지가 눈물을 흘리며 이야기했던 그 사람
딱히 큰 무언가를 받지도 않았는데
아버지가 항상 고맙다고 했던 그 사람
그저 정이 많았다고 한 사람

닮고 싶은 한 사람

옥탑방에서 본 풍경

떠돌이 개 두 마리가 지나간다
남자아이들이 공놀이하느라 시끌벅적하다

여자아이들은 고무줄놀이하고
마을 사람들은 부채를 부치며 언덕배기
느티나무 아래 평상에 앉아 망중한 중이다

좁은 마당을 가로지른 빨랫줄엔 아이들의
빨래가 매달려 수다를 떨고 있다
언덕 꼭대기 학교에선 아이들 웃음소리가
하루 종일 마을로 내려온다

가난하지만 평화롭고 따뜻했던 시절,

어느새 그리움은 내 머리를 하얗게 물들이고
옥탑방 골목을 지나가는 아이들의 웃음소리도
사라진 지 오래되었다

청소차가 새벽길을 지나가느라 텅 빈 골목이
깨어나고 있다

뒷모습

누구나 뒷모습은 진실하다

수만 번 던진 멋진 말보다
욕심 없이 돌아서 가는 사람의 뒷모습을
바라볼 때
마음은 구름처럼 움직인다

눈물 흘리며 진실하게 했던 말조차
떠나가는 뒷모습을 바라보며
다시 생각한다

박수 소리에 기뻐하는 것보다
담담하게 무대를 내려가는 모습이
아름다울 때도 있다

화려하고 번지르르한 앞모습보다
돌아서 가는 등을 바라볼 때
그 사람의 허전한 언어를 발견할 수 있다

그리운 소리

잔잔한 파도 소리
산골짜기 시냇물 소리
숲속 가벼이 부는 산들바람 소리
풀들이 서로의 몸을 비비는 소리
이슬비 내리는 소리

밤벌레 우는 소리
작은 새들 지저귀는 소리

갓난아기 옹알이 소리
엄마의 자장가 소리
아이들 소꿉장난하는 소리

그리운, 언제나 그리운 소리

잃어버린 고향

소년은 윗마을의 시멘트벽을 바른 양철지붕 집을 보고 나서
자신이 살고 있는 돌과 흙으로 쌓은 담벼락에
초가집이 부끄러워졌다

소년의 집에는 집마다 키우는 소나 염소도 없었다

소년의 아비는 군청의 말단 공무원이었다

소년의 아비는
"할아버지 병치레로 논 한 뙈기 없이 이 모양이 되었다"라고 했다

소년은 청년이 되어 고향을 떠날 때까지
그 집에서 살았다

아비가 죽고
이순이 다 된 그 소년이 그 집에 가보았다

초가집과 돌담은 흔적 없이 사라지고
아담한 벽돌집이 들어서 있었다

소년은 멍하니 그 집 앞을
서성이다 돌아섰다

눈길을 걸어

눈 덮인 산길 위 내가 남긴 발자국,
누가 따라올까

목련 바람 불어오면
그 발자국 지워지지 않을까

소나무 가지마다 수북이 쌓인 눈 녹고 나면
그 발자국 사라지지 않을까

눈 쌓인 언덕길 넘어가고 나면
반가운 햇살도 따라오겠지

구름 한 점 없는 하늘 위로
따뜻한 그리움만 불어오겠지

혼자 걷는 길

오래된 골목길을 혼자 지나가다
넓은 길이 나오면 그만 걸어가겠습니다

그동안
당신이 베풀어 주신 사랑은 잊지 않겠습니다

어차피 인생은 혼자 외롭게 걷는 길이기에
좁은 골목길을 지나고 나면
홀로 걸어가겠습니다

누군가 굳이 좋은 길을 알려 준다고 해도
뒤돌아보지 않고
묵묵히 나의 길을 걸어가겠습니다

그 길이 화려한 길은 아닐지라도
담담하게 걸어가겠습니다

가다가 길이 사라진다고 하더라도
끝까지 걸어가겠습니다

그 길의 끝에 서서
진정, 나를 돌아보겠습니다

제3부

존재의 이유

삶의 자락

보잘것없는 내 삶에
그대 삶의 한 자락 품고 있기를,

슬퍼하는 사람에게
그대의 눈물을 나누고

기뻐하는 사람에게는
그대의 미소를 전하는

가난해도
그대처럼
누군가에게 진솔한 삶의 한 자락을
나눠 주는
그런 사람이 되게 하소서

평범한 하루

걷고, 보고, 숨 쉬고,
일할 수 있는 평범한 하루는
신이 내게 주신 소중한 선물입니다

오늘 하루를 무심하게
보내는 사람은
삶의 경지에 이른 사람입니다

누군가 말하길
삶의 의욕이 없을 때는
중환자실에 가 보라고 했던가요

지금 내가 이렇게 살고 있는
하루는
신이 주신 은혜입니다

녹슨 칼

가슴에 비수 하나 품고 다닌다

품었다가 내려놓기를 수십 번
그럴 때마다 아내 얼굴이 지나가고
아들딸 얼굴이 지나가고
순간 눈앞이 흐려지곤 한다

오래 있었지만 정들지 않는
사람들은 일로 만난 사이라서 그런 것일까
언제 떠날 수 있을까

언제 비수를 꺼내 단번에 급소를 찌를 수 있을까
"상기 본인은 일신상의 사유로 사직하고자 합니다"

모두 말한다
바깥은 생각보다 훨씬 차갑다고
사회로부터 소외되는 지름길이라고
아이들 학교는 마쳐야 하지 않냐고

언제 그런 세상이 올까
모두가 평등하게 존중받는 세상
온전히 내가 나로 살 수 있는 세상

서랍을 열면 보이는
큰 아이 대학 등록금 고지서가
철근처럼 감겨 온다

가슴에 품고 있던 비수를 감추고
다시 사람 좋은 척
씁쓸하게 웃는다

존재의 이유

긴장하며 아침을 맞이한다
햇살이 이끄는 대로 일터로 나가
땀으로 한낮을 적시고
점심 한 끼를 때우며 존재의 의미를 생각한다

집으로 돌아와
가족들의 웃음으로 고단한 마음을 씻고
잠자리에 들면
긴장했던 하루도 무사히 저문다

특별한 미래는 없을지라도
가족들이 현재를 살아갈 수 있고
내가 건재함을 증명할 수 있다면
나는 다시 내일 아침 눈을 뜰 것이다

걸음마

바닥에서 배밀이를 하던 첫째가
처음 벽을 짚고 섰을 때

아내와 나는
신기하고 놀라며 기뻐했다

그 서툰 발걸음을 보고
무엇 때문에 그렇게 환호했던 것일까

아버지가 돌아가시기 불과 한 달 전
힘겹게 지팡이를 짚으며 일어섰을 때

나는 소리 없는 눈물로
그 모습을 지켜보았다

바닥에서 태어나
바닥으로 돌아갈 때가 되면 다시 걸음마를
시작해야 한다는 걸 그때 처음 알았다

어머니에게 최초의 기쁨을 드렸던
내 걸음마는
언제 끝날까

깡, 통通

나는 무언가의 몸을 담은 깡통으로 태어났지만
일찍 은퇴하고 거리에서 살았다

그냥 빈 깡통으로 살 때는 몰랐지만
길거리에서 내게 한 가지 능력이 있다는 걸 알았다
바로 속이 텅 빌수록 큰 소리를 낸다는 것이다
여기저기 부딪치고 깨질수록
더 요란한 소리가 났다

나는 누군가의 수명을 연장하는 일을 했고
누군가의 신분을 나타내 주는 일도 하고 있다

누군가는 나를 발로 찼지만
누군가는 나를 가슴으로 안아주었다

그 누군가는 짧은 생을 살다가 사라졌지만
나는 다시 태어나 거리를 방황하고 있다

마지막 순간, 목숨을 다할 때는
주저 없이 천도의 용광로로 들어가
다시 태어날 것이다

세상을 다 담고도 남을
커다란 깡통으로

압록강 북쪽 강변에서

불경기가 덮친 단둥의 아침거리엔
사람은 없고 우울만 감돈다

끊어진 철길 위에서 기념품을 팔던 중국 상인은 어디론가 사라지고
늙은 다리 아래로 희뿌연 강물만 말없이 흐르고 있다

한 세기가 지나는 동안
백두산은 장백산이 되어가고
간도 땅은 흔적 없이 사라지는데

강 너머 남쪽 들녘엔 어두운 침묵만 흐르고 있다

칠십 년 전 헤어진 가족은 늙고 병들고 죽어간다
이제는 초조함마저 길을 잃어 가는데
강 건너엔 아직 봄이 올 기미조차 보이지 않는다

면세점에서

불황이 몰아닥친 공항은
면세점마저 한산하다

주머니 속 얇은 지갑을 만지작거리며
면세점 안쪽을 둘러본다
초콜릿 진열대 앞에서 머뭇거린다

이걸 사다 주면 아이들 웃는 얼굴 한 번 더 볼 수 있을까?

그 짧은 순간을 그려보다가
얄팍해진 지갑을 열었다

가방 속이 달콤해졌다

기다리는 즐거움

그대가 오신다기에
나는 산꼭대기에 올라 환호성을 질렀습니다
순식간에 강을 헤엄쳐 건넌 목소리는
깔깔거리는 웃음소리가 되어 되돌아왔습니다

그대가 올 때까지 나는 잠도 자지 않고
기다릴 작정입니다
하루 종일 설레는 가슴으로 온 동네를 뛰어다닐 작정입니다

그대가 다시 오신다기에
나는 바보가 되었습니다

누군가가 나를 놀려도
나는 해죽거리며 당신을 기다릴 것입니다

여기 사람이 살아요

어두운 땅속,
탄가루를 마시며 숨이 찬 목구멍으로 도시락을 먹는 여기도
사람이 살아요

땡볕 아래 흙먼지를 마시며
땀 흘리는 이곳에도
사람이 살아요

비닐하우스 안에 살림을 차리고
한 가족이 모여 사는 여기도
사람이 살아요

카페 알바로 근근이 끼니를 때우며 공부하는 여기도
사람이 살아요

왜 사냐고요?
내가 죽으면 희망이란 녀석도 따라 죽으니까요
악착같이 살아서 버티는 겁니다

달개비꽃

물가에 지천으로 널려 있다
아름다움도 모르는 꽃

묵묵히 평범을 살아가는 生

흔하디흔한 들꽃으로 천대받지 않고
가녀린 꽃잎 날개가 되어
온 하늘을 뒤덮는다

무수한 파도는
온 바다에 퍼져

푸르고 푸른빛으로
온 세상을 뒤덮는다

아내의 뒷모습

칼날 같은 바람이
목덜미를 스쳐 지나가는데
아내가 출근길에 나선다

이런 날은 출근하기 싫다고
아침 내내 혼잣말을 하다가도
7시 반이 되기가 무섭게 현관문을 나선다

아내의 뒷모습을 멍하니 바라보다가
뒷모습도 늙어 간다는 걸 발견하고
혼자 남은 집안을 돌아보다 눈물이 흘렀다

아이들은 하루가 다르게 커가는데
어머니는 하루가 다르게 쇠약해지고
통장의 마이너스 숫자는 점점 늘어만 간다

생의 굴레를 벗어나려고 아무리
가시밭에 뒹굴어도
빈 들판을 벗어날 길이 없나 보다

갈 길은 아직 먼데
아내의 뒷모습은 점점 작아지고 있다

제비꽃

갑오년이 지났지만, 가엾은 농민들은
나무뿌리로 겨우 숨만 쉬고 있었다
목숨처럼 지켜온 씨앗마저 수탈당하던 봄,
어김없이 피어나던 꽃 한 송이를 기억한다

상처 난 들판,
막막한 돌 틈 사이에 말없이
피어나던 너를 알고 있다

구름 한 점 없는 창공을 날아가는 꿈을 꾸다
산나물 캐는 소녀의 머리에 앉아
보랏빛 나비가 되었구나

이제 더 이상 오랑캐의 군홧발에 짓밟히지 않고
소녀의 꿈속으로 해마다 찾아오는 제비가 되어
고통 없는 푸른 들판 위를 훨훨 날아가라

자연으로 갈 준비

달콤한 과자보다
씁쓸한 봄나물이 입맛을 당기고
화려한 도시의 건물보다
시골의 작은 집에 살며 밭 한 뙈기를 가꾸며 살고 싶다

고급 승용차로 멋을 내며 다니기보다
햇볕 아래 부드러운 흙을 밟으며 산책하고
내 몸이 자연과 하나 되는 기쁨을 누리며
살아보고 싶다

빈 몸으로 왔다가
빈 몸으로 살다 가는 짧은 생을
불꽃처럼 피우고 자연으로 돌아가고 싶다

자식에게 재산을 남기지는 못했지만
한 편의 시를 유언처럼 남기고
자연의 일부가 될 수 있다면
나도 한 송이 꽃이 될 수 있으리라

민들레꽃

군인들이 밟고 지나간 들판에
피어난 민들레꽃 한 송이를
끝까지 지켜내려 했던 바보가 있었다

그 바보는
민들레 홀씨가 널리 널리 퍼져
온 세상을 꽃피우는 꿈을 꾸었다

그러나 그가 꿈꾸던 세상은 오지 않았고
들판은 더욱 황량해졌다

그는 그렇게 홀로 혹독한 겨울을 보내고
꽃 피는 오월 어느 날 홀연히 사라졌다

사람들의 가슴에는
노란 민들레꽃 한 송이씩 피어났다

학교 앞 풍경

칠십 년대 어느 날 아침,
국민학교 교문 안으로 아이들이
몰려 들어갔습니다

이천 년대 어느 날 오후,
아이들이 초등학교 교문 밖에
대기하고 있는 학원 차를 타고 사라집니다

이천이십오 년, 어느 날
풀이 가득 자란 운동장을 가로질러
한 노인이 걸어갑니다

아이들의 웃음소리가 사라진 교문 앞으로
마른 낙엽 하나가
바람에 뒹굴다 날아갑니다

먼 길 떠나며

정들었던 곳을 떠나기에 아쉬워 자꾸만
뒤를 돌아본다
몇 년 동안 눈길을 나누어 준 흔적 하나하나를
가만히 들여다본다

무심히 서 있는 느티나무 한 그루
바람에 홀씨를 날려 보내는 민들레 한 포기
묵묵히 내려다보던 뒷산의 바위까지

나는 언제부터 이들을 사랑하게 되었을까?

아무 생각 없이 스쳐 보낸 시간 속에 남아 있는 기억이
이렇게 아름답게 보이는 것은 무엇 때문일까?

바람 소리
풀잎 소리
냇물 소리

눈을 감으면 들려오는 모든 소리가
나를 흔들어 깨우고 있다

먼 길 떠나는 발길이 무겁다
언제 또 만날 수 있을까
발자국마다 꽃잎이 떨어진다

아버지의 주민등록증

서랍을 정리하다 발견한 주민등록증에
머리를 곱게 빗은 노년의 신사가 나를 보고 있다

이제는 쓸모 없어진 주민등록증에
익숙한 눈빛과
익숙한 목소리가 들어있다

야만의 시대를 살아내며
때론 가난 때문에 자식을 위해 비굴하게 살아야 했던 아버지

그를 무서워하고 멀리했던 마음이
측은함으로 바뀌는 데 오십 년이나 걸렸다

내 주민등록증을 나란히 놓고 본다
왠지 내 얼굴이 병약해 보인다

아무래도
난 그 시대를 아버지처럼
살아낼 수 없었을 것 같다

신기한 안경

얼마 전 형이 안경을 써야 한다고 엄마에게 말했습니다
엄마는 필요 없다고 사주지 않았습니다

며칠 후 형이 안경을 쓰고 나타났습니다

형의 안경을 몰래 써 보았습니다
남의 안경을 쓰면 어지럽다고 하던데
내가 형 안경을 써도 하나도 어지럽지 않습니다
와, 형 안경은 정말 좋은 안경입니다

옆집 누나는
공부 잘하는 남학생이 좋다고 했습니다

형은 학교에서 꼴찌지만
안경을 썼기 때문에
공부 잘하는 사람입니다

이제 옆집 누나는
틀림없이 우리 형을 좋아할 겁니다
나는 형이 자랑스럽습니다

봉숭아

마당 가에서 한 잎 한 잎 따서
조약돌로 정성스레 찧었다

하룻밤 자고 나면 예쁘게 물든다며
내 작은 손에 무명실로
봉숭아 꽃잎 매어 주던 큰언니

시집가기 전날
엄마 품에 묻혀
구슬피 울던 우리 언니

언제 다시 와서
내 손에 봉숭아 꽃잎 매어 줄까

언니만 다시 온다면
언니 손에 토끼풀 꽃반지 끼워주고
봉숭아 꽃잎 정성 들여 찧어서
손끝에 꼭꼭 싸매어 줄 텐데

밤새 언니 손잡고
놓지 않을 텐데

제4부

어느 무명 시인의 이야기

숲속 개구쟁이들

느티나무 선생님이 화가 났어요

"수업 시간에 휘파람 분 나무 나와!"
아까시나무가 시무룩하게 나왔어요

"수업 시간에 과자 먹은 나무 나와!"
도토리나무가 바스락거리며 나왔어요

"수업 시간에 머리 내리고 춤춘 나무 나와!"
맨 뒤에 있던 버드나무가 고개를 숙이고 나왔어요

"너희들 앞에서 손들고 있어!"

수업이 끝나자, 나무들이 키득키득 웃었어요

"우리는 하루 종일 손들고 있는데"

아빠와 내기하기

아빠와 내기했다
엄마가 누굴 더 좋아하는지

엄마에게 물었다
아빠가 좋은지 내가 좋은지

엄마는 일주일 동안 하는 걸 보고
결정하겠다고 했다

다음날 아빠는 꽃을 엄마에게 바치고
다음날은 가방을 사 오고
그다음 날은 옷을 사 왔다

나는 씨익 웃었다
아빠의 수법은 너무 뻔하다
내게는 비장의 무기가 있기 때문에
아빠가 상대가 안 될 것이다

일주일의 마지막 날,
나는 폭탄선언을 했다
공부에 방해되니
당장 휴대폰을 해지하겠다고 했다

게임 끝이다

무슨 색이 좋아?

세 살배기 동생 엉덩이를 보고 엄마에게 물었다

"엄마, 아기는 엉덩이가 왜 파래요?"

"글쎄, 동생에게 물어봐"

"너는 엉덩이가 왜 파래?"

"파란색을 좋아해서"

"아, 그렇구나"

하늘은 파란색을 좋아해서 파랗고
바다도 파란색을 좋아해서 파랗고

개나리는 노란색을 좋아하고
병아리도 노란색을 좋아하고

나는 빨간색이 좋은데
홍당무가 되면 어쩌지?

어느 무명 시인의 이야기

산책길에 만난 이름 모를 풀꽃의 자태를 보았다
그 순수하고 아름다운 꽃잎에 반해 감탄해 마지않았다
고요한 하늘도 스쳐 지나가는 바람도
사연을 물어보며 잠시 머물다 간다

그리운 사람의 방향을 생각나게 하고
지나가는 누군가가 생각 없이 흘린 이야기도
가슴속에 담아 놓았다가 꽃으로 피워내고 마는
그런 시를 쓰고 싶다

몇 번이고 썼다가 지우고
사전을 찾아보고
다시 시집을 뒤적거리고
그렇게 언어의 강을 건너다가 잠이 든다

아무에게 알려지지 않을지라도
나만의 시를 쓰며
사물과 삶을 새롭게 볼 수 있게 된다면
오랜 가뭄 끝에 단비를 맞고 피어난 이름 모를
꽃 한 송이처럼,
자랑스러운 무명 시인이 될 것이다

두 번째 고백

세상에서 가장 아름다운 사람은
오직 당신 하나뿐이라는 걸 약속했기에
당신은
여전히 내게 가장 아름다운 사람입니다

세상에서 가장 좋은 사람은
아직 당신이란 걸 믿고 있기에
당신은
앞으로도 가장 좋은 사람입니다

당신의 머리가 희어지고
당신의 얼굴에 깊은 주름살이 져도
당신은 여전히 아름답고 좋은 사람입니다

그것은 내게
변함없는 약속입니다
그것은 영원히
빛나는 맹세입니다

Vinh에 가면

휴일 아침 일곱 시
거리에 간이 탁자와 의자가 놓인
작은 뒷골목 식당을 찾아간다

밀물처럼 지나가는 한 떼의 오토바이를 보며
익히지 않은 얇은 소고기를
뜨거운 국물에 얹은 쌀국수에
고수를 가득 넣어 이른 아침을 먹는다

한적한 커피숍으로 자리를 옮겨
진한 로부스타 에스프레소 커피에
연유를 타 마시며
오랜만에 만난 옛 친구들의 시끄러운 대화에
귀 기울인다

그들이 떠들어대는 베트남 말을
자세히 알아듣지는 못해도
때로 고개를 끄덕여 주고
눈을 맞추고 웃어준다

다시 올 시간을 기약하지 못하지만
같은 하늘 아래
눈을 마주치고 있다는 사실만으로도
가슴 한편이 푸르러진다

저녁 모닥불 앞에서

해가 저문 폐교된 초등학교 운동장 한가운데
모닥불을 피웠다

불길은 점점 사납게 솟아오르고
연기는 바람 따라 춤을 추었다

삼삼오오 밀려오는 목소리는
귓전으로 흘러가고

내 마음은 어느덧 유년의 고향으로 향했다

흰 수건을 머리에 쓴 어머니는
오래된 아궁이 앞에 앉아 불을 지피고

매운 연기를 핑계 삼아
눈물을 찍어내고 있었다

불꽃이 사위고 나면
어둠도 불을 밝혔다

바다로 가자

바다로 가자

세상의 먼지를 씻어 버릴 바다로 가자
모든 부끄러움을 씻어 낼 바다로 가자

눈물 자국 없는 바다로 가자
기억의 종아리를 실컷 맞을 때까지 바다로 가자

짐승처럼 날뛰고 소리쳐도
받아주는 바다로 가자

아무런 차별 없이
모두를 품어주는 바다로 가자

체면도 염치도 없는
벌거숭이가 되어

밀려오는 파도에 몸을 맡기고
태초의 바다로 흘러가자

우리 집

퇴근 무렵에 서울 외곽까지 지하철을 타는 것은
항상 용기가 필요하다
옴짝달싹할 수 없는 공간에서
한 시간 넘게 버텨야 하는 고문도
귀소본능을 이길 수는 없다

지친 마음에 서로 할 이야기가 많이 없어도
만날 가족이 있다는 것은 매일 마음을 설레게 한다

뜨개질하는 아내와 TV를 보는 아이들 곁에
아무 말 없이 앉아 있어도 행복을 느끼는 것은 왜일까?

이 평범한 행복을 언제까지 가질 수 있을까?

탁발

중앙시장 입구 인도에서
오이 몇 개, 호박 몇 개를 놓고 팔고 있는 할머니를 만났다

무더위가 기승을 부리는 중복 무렵
그늘도 없는 보도블록 위에서 행인들 눈치만 보고 있다

바람이라도 한 줄기 불어오면
타들어 가는 속을 식힐 수 있을 텐데

티베트로 가는 길목에
탁발승을 마중 나온 불자들처럼

푸성귀 몇 개 펼쳐 놓고
기도를 올리는 할머니,

지갑 깊숙이 숨겨둔 비상금을 꺼내
떨이했다

나는 오늘 좋은 하루를 살았다

날개 돋아나다

오랫동안,
무겁게 나를 짓누르던 것들을 벗어버렸다
이제 넓은 세상을 향해
마음껏 날 수 있게 되었다

마음이 자유로워
어디로든 날아갈 수 있다는 사실만으로도
몸에 날개가 돋아난 것 같다

그래, 날자 날아 보자
속박과 굴레가 없는 곳으로
그리운 사람들이 기다리는 곳으로

그들과 더불어 울고 웃으며
함께 누리러 가자

가진 것도 없고
욕심도 없으니
높이 더 높이 가볍게 날아서

종착역이 없는 곳으로
마지막 여행을 떠나보자

슬픈 앵무새의 노래

하루 종일 사람들과 만나
시간 가는 줄 모르고 떠들다가
빈집에 홀로 돌아와 멍하니 앉았다

아침에 변함없이 동료들을 만나
반갑게 인사하면서도
저녁이 되면 외로움에 몸을 떨었다

빈집을 홀로 지키던 앵무새가
반가운 인사를 건넸다
내가 하는 말을 유일하게 따라 하는
동물이 있다는 게 얼마나 다행인가

살아남기 위해 권력을 가진 인간 앞에서
비굴하게 고개를 숙여야 하는 나보다
밥을 챙겨주는 집사만 아는 체하면 되는
네 신세가 부럽다

인류에 평등이란 존재하지 않는다
모든 관계에는 갑과 을이 존재한다
평등을 얻으려면 누군가는 희생해야 한다

앵무새도 평등하지 않다

부겐빌레아

한여름에 수없이 내리는
신비한 진분홍 눈꽃

상하이의 고가도로에서
베트남의 해변에서
라오스의 공원에서

이방인의 연민을 자아내며
꽃을 대신해 낙화하는 화려한 이삭잎을 본다

집마다
너를 담장에 심은 것은
그리운 사람, 돌아오길 기다리는 간절한 소망 때문이겠지

처연한 매력,
눈물겹게 피우는 부겐빌레아

의미 없는 말을 주고받는 저녁

길거리 포차에서 들려오는 시끌벅적한 소리
"왕년에 내가 말이야"
"이번에 우리 아들이 말이야"

술의 힘을 빌려 외치는 지난 시절 무용담
자신의 인생은 저물어 가고
자식 자랑만 길어지고 있다

텅 빈 하늘에
공허한 메아리로 번지고 마는 소리
말이 길어질수록 자신은 초라해지지만

어제도 그제도
오늘도
그렇게 하루가 저물었다

미안, 미안합니다

나이 들어가면서
가끔 지난 일을 생각하면
가슴이 저릴 때가 있다

사춘기 시절 어머니에게 반항했던 것과
동생과 간식을 나눠 먹지 않은 것
나를 믿고 결혼한 아내를 울게 했던 것과
철부지 아이들에게 했던 매질이 그렇다

나는 왜 이리 못 되고 잔인한 사람이었을까?

시간이 흘러갈수록
이런 기억은 풍화되지 않는 바위처럼
도드라진다

어떻게 사과해야 할까?

이 시집의 이 페이지에 책갈피를 끼워
가만히 건네며
눈을 맞추며 말해야겠다

미안해
미안해
미안합니다

피의자 신문조서

유리 벽 앞에
무방비로 앉았다

맞은편에 앉은 사람은
내가 얼마나 열등한 인간인지 확인하려 한다

두렵다

내가 법 앞에 앉아 있는 것이 아니라
법으로 나름의 판단을 하는 사람 앞에 앉아 있기 때문이다

전관을 선임할 만한 돈이 없어
무전 유죄가 될까 봐

공포를 덜어내는 조력은
한없이 비싸고

법 앞에서의 평등은
돈이 있어야 누릴 수 있다

하루살이

아침에 일어나자마자 스스로에게 여러 번 되뇌어본다
내게는 하루밖에 남은 시간이 없다고
오늘 밤이 지나면 삶이 끝난다고

오늘 하루를 무얼 하며 보낼까?
아내와 아이들에게 편지를 쓴다
쓰다 보니 길어진다
반나절이 지나갔다

머릿속에 떠오르는 사람들에게
안부를 묻고 작별 인사를 하고
집 안 구석구석을 정리한다

어느새 밤 열 시,
시간이 얼마 남지 않았다

이제 나 자신에게 집중한다
나는 어떤 사람이었는가
나는 세상에 필요한 존재였는가?

결론 없이 자정이 다 되었다
자신을 위로한다
오늘 하루 누군가에게는
꼭 필요한 사람이 되었을 것이라고,

그리고 내일 하루도
오늘처럼 살아낼 것이다

강아지풀

쉽게 낙심하지 말라고
다독이며 하루를 살아도
저녁 무렵이 되면 어느새 나는
무너지고 만다

어스름을 등에 지고
지친 발걸음을 이끌며 집으로 가는 길에
콘크리트 벽에 뿌리를 박고 서 있는
강아지풀을 만났다

저녁 바람에 홀로
몸을 흔들고 있었다

악착같이 숨구멍을 찾은 씨앗 하나가
절치부심하며 비를 기다린 시간은
얼마였을까

"난 꽃나무가 아닌 걸 알아
그냥 너를 기다리며
잡초처럼 살아 남을게"

버려진 강아지처럼 꼬리를 흔들며
나도 꼭 그렇게 살아 남을게

손뼉

주말에 이렇게 모인 이유는
마음을 모아 웃음을 보내기 위해서다

축하합니다
환영합니다

아름다운 여정을 걸어 온 당신에게
심장에 가장 가까운 소리를 보냅니다

최초로 두 손바닥을 마주쳤던
그날로 돌아가
영장류의 기쁨을 전합니다

누군가를 따뜻하게 손잡아 주었던
그 마음을 따라
당신의 영혼에게,

나무들도 모두 기립하여
박수를 보냅니다

해설

중독된 것들에 대한 반성과 회한,
그리고 앞으로 중독될 것들에 대한 기대

— 김남권(시인, 계간 『시와징후』 발행인) —

해설

중독된 것들에 대한 반성과 회한, 그리고 앞으로 중독될 것들에 대한 기대

- 김이암 시집 『두 번째 고백』을 읽고

김남권(시인, 계간 『시와징후』 발행인)

 김이암 시인은 자연을 닮은 시인이다. '이암泥岩'이라는 필명도 자연에서 온 것이다. 진흙이 쌓여 굳어서 고화한 바위라는 뜻을 지닌 이암은 그의 일생을 닮았다. 진흙은 부드럽고 따뜻한 흙이지만 불을 만나면 가장 단단한 도자기가 되고, 바람과 햇빛을 만나면 가장 단단한 바위가 된다.
 김이암 시인은 그런 성정을 가지고 있다. 외유내강형의 성품으로 다져진 그의 내면은 80여 편의 시에서도 드러난다. 자연을 의인화하고, 핏줄을 자연의 상징으로 담아내는데 주저함이 없다. 그리하여 김이암의 시에서는 사람 사는 냄새가 나고, 사람을 향한 진정성이 돋보인다. 한순간 물아일

체를 꿈꾸다가도 그 물질의 단단한 내면으로 들어가 그 단단한 물질을 진흙처럼 녹여내는 힘이 있다고 할 것이다.

우리가 시를 쓰는 이유도 우리의 영혼이 물질에 머무르지 않고, 자연을 향하고 우주로 향하는 초월적 상상을 넘나들기 위한 것이다. 이 초월적 상상이 결국 새로운 세상을 향한 과학 기술의 모티브가 되고, 첨단 문명의 새로운 패러다임을 구축하는 바탕이 되는 것이다. 따라서 시적 상상력이란 문명을 바꾸고 문화를 창조하는 가장 아름다운 인문학의 기초가 된다고 할 것이다. 김이암의 첫 번째 시집 『두 번째 고백』에서는 그런 초월적인 가능성을 발견할 수 있다.

바람이 불어 아내의 머리카락이 날린다
속에 숨어 있던 흰머리가 드러난다

못 본 체한다

내겐 아직도 앳된 얼굴이지만
남들이 보기엔 중년의 아줌마가 다 되었다

석류알이 좋다는데 사다 줄까

내 앞머리가 반쯤 희어진 지 꽤 지났지만

아내는 한마디도 하지 않는다

연어알이 남자에게 좋다는데 아내는 사주지 않는다

모르는 체하고 연어알과 석류를 사 갈까

- 연어와 석류 [전문]

  서로 다른 이질적인 사물이 만나 공통점을 발견하는 일은 시의 가장 기본적인 상상의 근원이다. 아무런 연관성이 없고, 심지어 동물과 식물은 종도 다르지만 하나하나 그 근본을 찾아가고 상상적 유추를 하다 보면, 어느 순간 동물과 식물도 근본이 닿아 있음을 발견하게 된다. 그 순간 느끼게 되는 짜릿한 감동은 곧 순진무구한 영감으로 이어져 시적 상상의 고리를 풀어내게 된다. 그런 짜릿한 순간들을 느끼기 위해서 우리는 시를 쓰고, 창작의 고통을 마다하지 않는 것이다. 연어와 석류는 결국 '아내와 나'라는 동질적 대상으로 발전하여 공감대를 이루고 있다. 그 침묵의 부부라는 관계 속에는 연어알과 석류알만큼 붉은 공통점이 자리하고 있다는 걸 내면의 비유로 나타내고 있다.

  한겨울 늦은 밤

뚝방길에 덩그러니 놓여 있는 빈 소주병 하나

차가운 강바람을 맞으며
안주도 없는 깡소주로 삶의 허기를 채운 이는 누구였을까

아침에 다시 가 본 그 길
소주병은 사라지고

앞산 너머
무심한 해만 머리를 내밀고 있었다

- 빈 소주병 [전문]

  빈 소주병의 주인은 누구였을까. 안주도 없이 강물을 바라보며 깡소주를 마셔야 했던 사람은 사라지고 소주병도 사라졌다. 빈속에 소주를 마신 사람은 마음의 허기를 채우느라 하루 종일 강물만 바라보다 아침 해가 솟아오르지 어디론가 떠나갔을 것이다. 소주병은 사람의 지문을 기억했을 것이다. 노을은 사람의 눈빛을 기억했을 것이다. 앞산 너머로 사라진 사람은 언제 다시 돌아올까? 공광규는 아버지를 그리워하며 「소주병」이라는 시를 썼다. 술병은 잔에다/자기를 계속 따라 주면서/속을 비워간다//빈 병은 아무렇게

나 버려져/길거리나/쓰레기장에서/굴러다닌다//바람이 세게 불던 밤 나는/문 밖에서/아버지가 흐느끼는 소리를 들었다//나가보니/마루 끝에 쪼그려 앉은/빈 소주병이었다. 이 시는 소주 한잔에 담긴 쓸쓸함과 그리움이 묻어나고 있다. 여기서 소주병은 그냥 소주병이 아닌 것이다.

느릿느릿 도로 위를 달리는 낡은 경차가 있었지
그 뒤로 빨간 스포츠카가 경적을 울리며 신경질을 부렸지
덤프트럭이 짜증스레 추월해 갈 때도

낡은 경차는 아랑곳하지 않았지

누구였을까?

낡은 경차 운전석엔
아픈 아내를 병원으로 데리고 가는 노인이 있었지

노인은 벌벌 떨며 떨리는 목소리로 내게 말하더군
커다란 경적에 간이 떨어져 나갈 뻔했다고

그 노인은 이제 이 세상에 없고

    그 차도 사라졌지

    난 해마다 두 번씩 그 노인의 아내를 만나려고 운전하지
    그러다가 눈앞에서 느리게 가는 낡은 경차만 보면
    참을 수 없게 눈물이 나

    난 그런 차를 보고도 경적을 울리지 않지

- 노인의 경차 [전문]

  시적 화자는 3인칭 시점에서 바라보고 있지만, 사실은 그 시적 화자의 내면에 개입해서 적극적인 의사 표현을 하고 있다. 누군가의 아버지일 수도 있는 그 사람은 이미 이 세상에 없다. 그렇지만 그런 기억을 안고 사는 화자는 운전하다가 느리게 가는 경차를 만나도 경적을 울리지 않는다. 이미 시적 기억 창고에 쌓여 있는 그날의 흔적 때문에 경차는 이미 그 사람이나 마찬가지다. 그 사람의 또 다른 이름이 된 것이다.

    어린 시절 부모의 不和는, 내 청춘을 不花로 만들었다
    가슴 속엔 짙은 어둠을 남기고 적도의 열기 같은 火傷을 남겼다

    갈등과 방황은 아내를 만나고부터

반환점을 돌았다

아이들의 은근한 눈빛은 나를 뜨겁게 했고,
아내의 다정한 미소는 내 가슴에도 火氣가 돌게 했다

지천명이 지나고 나서야
나를 닮은 조각상 하나를 세워 놓고

내 청춘의 調和를 꽃 피우고 있다

- 자화상 [전문]

  자화상은 모든 시인이 쓰고 싶어 하는 지난날에 대한 자신만의 모습이다. 가장 솔직하고 가장 쓸쓸하고 안타까운 자신의 그림이다. "어린 시절 부모의 不和는, 내 청춘을 不花로 만들었다/가슴 속엔 짙은 어둠을 남기고 적도의 열기 같은 火傷을 남겼다"로 시작하는 이 시는 상처로 시작하는 인생의 초반부를 '不和-不花-火傷'으로 상처를 각인시켜 주고 있다. 이런 현실 때문에 방황의 시간을 보내고, 아내를 만나 반환점을 돌게 되었다. 그리고 반세기를 지나 결코 깨질 것 같지 않은 불화가 '調和를 꽃 피우'라는 경지에 다다르게 된 것이다.

철문을 나선 오후

아무도 반기는 이 없다

낯선 여인숙에 들어가 저녁을 보냈다

완행버스를 타고 한참을 달려

허름한 고향집에 도착했다

인적 없는 집

방문을 여니

두부 한 모, 간장 한 종지가 소반에 놓여 있다

게걸스레 두부를 먹고

한숨 한 번 쉬고 바닥에 드러누웠다

밤늦도록 홀어머니는 돌아오지 않았다

- 두부 [전문]

 '두부'를 평생 먹어 보지 않은 사람은 없을 것이다. 메주를 만들기도 하고 콩자반을 만들기도 하고 콩국수를 만들어 먹기도 하는 두부는 모든 요리의 중심에 있다. 고추장과 된장과 간장을 만들 때도 두부가 없다면 불가능할 것이다. 특별히 나는 두부를 주식처럼 먹고 있다. 그런데 이런 두부가 언제부터 교도소에서 출감하는 사람들의 전유물처럼 된 것일까? 시에서처럼 철문을 나선 자식을 찾아오지도 않고, 객지 여인숙에서 하룻밤을 보내고 올 자식을 위해서 소반에 두부 한 모 올려놓고 자리를 비운 홀어머니의 보이지 않는 눈물과 한이 고스란히 녹아 있다. 피눈물 나는 심경이 시의 행간에 여백으로 남아 있다. 세상의 어머니들은 모두 그런 것이다. 콩이 두부로 변해 다시 태어나는 순간을 기억해야 하듯이,

    뚝방길의 오일장은 아직도 한산할까
    상인들은 불경기라 걱정이 많겠지

    청소년 수련관 이층에서 월요일 저녁마다 시를 읽던 사람들은
    모두 훌륭한 시인이 되었겠지

    영월교 너머 인력시장에서 새벽부터 초조하게
    일을 기다리던 사람들은 좋은 일감을 받았을까

    방랑시장 2층 탁구장에서 함께 탁구 치던 사람들은

어느새 고수들이 되었겠지

탁구장 아래 탕후루 가게엔 손님이 좀 있을까
시장 안쪽 가방가게엔 여전히 만 원이면 살 수 있는
괜찮은 물건이 있겠지

언제 다시 갈 수 있을까

잠깐 살았지만 주인처럼 살던 동네를
이젠 객이 되어 갈 수밖에 없게 되었네

- 그리운 영월 [전문]

  김이암 시인은 3년 전에 영월로 오게 되었다. 직장 때문에 오게 된 영월에서 달빛문학회 문예 창작 과정에 입문하게 되었고, 영월의 자연과 사람들과 시장을 만나게 되었다. 그동안 잠시 서울로 발령받아 생활하기도 했지만, 다시 영월로 내려와 일을 하며 시를 쓰고 있다. 그는 천상 영월 사람이다. 영월의 풍경과 사람과 시장을 좋아하는 향수병 때문에 틈만 나면 영월로 돌아올 궁리를 하고 있다. 사람에게 인연이 있듯이 살고 있는 지역에도 인연이 있다. 그 인연에 끌려 사람을 만나고 그 땅에 눌러살기도 하는 것이다. 그러다가 정이 들고 그 지역 사람이 되고 그 지역의 자연을 닮아가는 사람이 되고 만다.

불경기가 덮친 단둥의 아침거리엔
사람은 없고 우울만 감돈다

끊어진 철길 위에서 기념품을 팔던 중국 상인은 어디론가 사라지고
늙은 다리 아래로 희뿌연 강물만 말없이 흐르고 있다

한 세기가 지나는 동안
백두산은 장백산이 되어가고
간도 땅은 흔적 없이 사라지는데

강 너머 남쪽 들녘엔 어두운 침묵만 흐르고 있다

칠십 년 전 헤어진 가족은 늙고 병들고 죽어간다
이제는 초조함마저 길을 잃어 가는데
강 건너엔 아직 봄이 올 기미조차 보이지 않는다

- 압록강 북쪽 강변에서 [전문]

압록강 건너편은 북한 땅이다. 손만 뻗으면 닿을 듯한 북한 주민들의 일상의 모습이 손에 잡히지만 소리쳐 부르지도 못하고 건너갈 수도 없다. 그저 오래된 침묵으로 바라볼 뿐이다.

이념이 무엇인지, 자신의 호의호식을 위해 인민들을 철저하게 도구로 이용하는 독재자 한 사람과 그 추종자들 때문에 백여 년 가까운 세월을 분단으로 지내야 하고 혈육 간에도 만나지 못하고 죄인처럼 지내야 하는지 상징적인 장소가 바로 압록강이 아닐까. 바로 눈앞에서 확인하는 북한의 모습을 바라보는 우리의 시선은 착잡하고 쓸쓸하고 안타까울 수밖에 없다. 강 건너엔 언제쯤 봄이 올 수 있을까.

세상에서 가장 아름다운 사람은
오직 당신 하나뿐이라는 걸 약속했기에
당신은
여전히 내게 가장 아름다운 사람입니다

세상에서 가장 좋은 사람은
아직 당신이란 걸 믿고 있기에
당신은
앞으로도 가장 좋은 사람입니다

당신의 머리가 희어지고

당신의 얼굴에 깊은 주름살이 져도

당신은 여전히 아름답고 좋은 사람입니다

그것은 내게

변함없는 약속입니다

그것은 영원히

빛나는 맹세입니다

- 두 번째 고백 [전문]

  한 사람을 위한 고백은 유효기간이 얼마나 될까. 떨리는 마음을 고백조차 하지 못하고 헤어진 첫사랑의 유효기간은 영원하다. 사랑한다는 말 한마디 못 하고 헤어졌기에 영원히 죽는 날까지 가슴 한편에 남아 있는 것이다. 그런데 정작 사랑한다고 고백하고 평생을 살아가는 부부는 어떨까. 세월이 흐른 후에도 "그것은 내게 변함없는 약속입니다"라고 당당하게 말할 수 있는 사람이 얼마나 될까. 그래서 두 번째 고백은 첫 번째 고백보다 중요하고 아름다운 것이다. 그리고 그 유효기간은 영원할 수밖에 없을 것이다. 이미 시 '자화상'에서 첫 번째 고백을 한 시인은 두 번째 고백으로 자신의 변함없는 사랑을 완성하고 있다.

해가 저문 폐교된 초등학교 운동장 한가운데

모닥불을 피웠다

불길은 점점 사납게 솟아오르고

연기는 바람 따라 춤을 추었다

삼삼오오 밀려오는 목소리는

귓전으로 흘러가고

내 마음은 어느덧 유년의 고향으로 향했다

흰 수건을 머리에 쓴 어머니는

오래된 아궁이 앞에 앉아 불을 지피고

매운 연기를 핑계 삼아

눈물을 찍어내고 있었다

불꽃이 사위고 나면

어둠도 불을 밝혔다

- 저녁 모닥불 앞에서 [전문]

불빛은 위로와 감동을 준다. 그리고 모든 기억의 슬프고 시린 파편들을 아낌없이 태워준다. 그래서 사람들은 모닥불을 피우며 침묵으로 불멍을 하기도 하고 노래를 부르며 내면의 응어리들을 불태우는 것이다. 특히 어둠이 내린 밤에 피우는 모닥불은 시선과 의식을 한 곳에 집중하게 하는 마력이 있다. 그래서 우리 어머니들은 저녁밥을 지으며 아궁이 앞에서 장작불을 피우며 하루의 고단한 슬픔과 노동의 아픔을 묵묵하게 씻어냈다, 아무리 고단하고 슬퍼도 불의 힘으로 버텨냈다. 그런데 그 불이 사라지자 급격하게 기력이 떨어지고 자신의 존재 가치에 대한 실망감이 온갖 병이 되어 몸속을 떠돌고 있다. 어둠이 불을 밝히면 희망도 살아난다. 길이 보인다, 그리고 슬픔이 녹는다. 모닥불은 그래서 치유의 힘이 있다.

　시는 자신의 심성을 드러내는 그릇이다. 시인이 살아온 인생이 담겨 있고, 시적 화자를 통해 드러나는 가족들의 모습이 있고, 살면서 만난 사람들과 자연과 지명이 담겨 있다. 그리고 그동안 말하지 못한 가슴 속 사연들이 숨은 화자로 드러나고 있다. 어쩌면 시는 시인 자신이 평생을 살아오면서 중독된 것들에 대한 반성과 회한, 그리고 앞으로 중독될 것들에 대한 기대와 우려를 솔직하게 담은 페르소나가 아닐까? 나를 대신하는 또 하나의 자아가, 시를 통해 연극 무대에 올려지는 것으로 생각한다. 자신이 쓴 대본을 들고 자신이 무대에서 연극을 하면서 자신을 돌아보게 되는 배우 역할을 통해 내면을 조명하는 것으로 생각한다. 김이암의 시가 이제 세상에 처음 드러나고 자신이 가꾼 땅에서 싹을 틔우기 시작했다. 그 씨앗이 발아해서 건강하게 꽃을 피우고 열매 맺기를 간절히 소망한다.

두 번째 고백

펴낸날 2025년 12월 1일

지은이 김이암
펴낸이 주계수 | **편집책임** 이슬기
교정편집 이한비 | **꾸민이** 전은정

펴낸곳 밥북 | **출판등록** 제 2014- 000085 호
주소 서울특별시 마포구 양화로 156 LG팰리스빌딩 917호
전화 02- 6925- 0370 | **팩스** 02- 6925- 0380
홈페이지 www.bobbook.co.kr | **이메일** bobbook@hanmail.net

© 김이암, 2025.
ISBN 979-11-7223-125-5 (03810)

※ 이 책은 저작권법에 따라 보호받는 저작물이므로 무단전재와 복제를 금합니다.